AF533068

Weisheiten uff Pälzisch

Michael Landgraf

WEISHEITEN

UFF PÄLZISCH

mit Entdeckungen
in der Pfalz

Inhalt

Wellhöfer Verlag

Ulrich Wellhöfer
Weinbergstraße 26, 68259 Mannheim
Tel. 0621-7188167, info@wellhoefer-verlag.de
www.wellhoefer-verlag.de

Layout und Satz: Uwe Schnieders, Fa. Pixelhall, Malsch

Der Verlag dankt Werner Jöhlinger für die kritische Durchsicht der Druckvorlagen.

ISBN: 978-3-95428-232-6

Vorwort

Biblische Weinträger an einem Haus in Gimmeldingen-Lobloch

Die Welt steckt voller Weisheiten, ob über das Leben, das Wissen und die Wahrheit, ob über die Facetten des Zusammenlebens oder über den Frieden, die Freiheit und die Liebe. Menschen stellten immer schon die Frage nach dem richtigen Tun oder sie überlegten, was Glück ausmacht und wie man genießen kann. Schließlich dachten sie nach über die Veränderungen, die das Leben bringt, den Tod, die Zeit und die Zukunft.

Verfasst wurden die Weisheiten von antiken und modernen Literatinnen und Literaten, Philosophinnen und Philosophen oder Politikerinnen und Politikern. Sie finden sich auch in heiligen Schriften des Westens und des Ostens.

Uff Pälzisch übersetzt wirken diese Weisheiten der Welt für die Menschen im hiesigen Sprachraum unmittelbarer und klarer. Sie lassen so neu über deren Sinn, über das Leben und über die Welt nachdenken.

Im Anhang findet sich ein kleines Lexikon der verwendeten pfälzischen Begriffe. Dies bietet Fremden die Möglichkeit, ebenfalls die Weisheiten zu erschließen und in die pfälzische Sprache hineinzufinden.

Dass die Pfalz eine Gegend ist, in der man vieles entdecken kann, das mit den Weisheiten in Verbindung steht, zeigt die Bilderreise durch die Region.

Michael Landgraf

Bääm duhn im Frieling
aus de Haut fahre.

Wilhelm Busch

Mandelblüte im Frühling bei Gimmeldingen

IWWERS LEEWE

Ich bin.
Awwer
ich hab mich net.
Drum
bin ich erscht
am werre.

Ernst Bloch

Grad selääd,
wie's im Leewe kummt:
Es is guud, dass es do is,
des Leewe.

Johann Wolfgang von Goethe

Du sollscht iwwers Leewe
alsfort noochdenke,
sunscht hoscht
im Leewe net geleebt.

Sokrates

Wann äner
in soim Leewe
nix mehr find,
was ehm wichdich is,
do werd er malaad.

Sigmund Freud

Alsfort ebbes
zum Schaffe zu hawwe,
des isses, was des
wohre Leewe ausmacht.

Friedrich von Schlegel

Wann's im Leewe
leicht hawwe willscht,
dann bleibscht ääfach allzeit
bei doiner Heerd.

Friedrich Nietzsche

Des Leewe is wie
wann ma die Aache uffmacht
un se dann widder zumacht.
Es kummt druff aa,
was ma zwischedrin
sehe konn.

Friedrich Hebbel

Leewe is allweil ebbes Gfährlichs.

Baum auf dem Teufelstisch bei Hinterweidenthal

Denk allweil im Leewe net
blos dodraa,
was de net hoscht.
Gugg liewer uff all des,
was de hoscht.

Marc Aurel

Des Beschde is,
wann de im Leewe
zufridde bischt mit dem,
was de hoscht.

Marcus Tullius Cicero

Des, was de im Leewe
säe duscht,
des werscht aa ernde.

Marcus Tullius Cicero

Mensche verloddern, wann se nix Gscheits aaziehe.

Thomas Carlyle

Mitmachfiguren Marktplatz Rockenhausen

IWWER DE MENSCH

Ich bin
Leewe,
des leewe will,
inmidde vum
Leewe,
des aa
leewe will.

Albert Schweitzer

De Mensch is wie ä leeri Daafel
odder wie ä leer Gfääs.
Des was druffschreibscht
odder noischittscht,
des siegscht dem Mensch aa oo.

Jean Jaques Rousseau

De Mensch is
äm annere Mensch gecheniwwer
wie än Wolf, solang er
den annere net kenne duht.

Titus Maccius Plautus

Die junge Leit kenne sich
was oibilde uff des,
was se druff henn,
die Alde awwer
uff ehr grooe Hoor.

Bibel – Sprüche 20,29

Ich wunner mich net,
dass Dummbabbler
iwwer mich dummbabbeln.

Marcus Tullius Cicero

All des, was doin Kerper hawwe will,
des is net zu friere, net zu hungre
un net dorschdich zu soi.
All des, was doi Seel hawwe will,
des is kää Angscht zu hawwe.

Epikur

Isses net kloor?
Alle Leit uff derre Weld määnen,
dass se geniechend Grips im Kopp henn.

Rene Descartes

In all de Leeweweese unnerm Himmel
konnscht irchendebbes finne
was ääfach herrlich is.

Aristoteles

De Mensch hot de Spiechl erfunne.
Awwer die Wohret konn er net vertrache.

Friedrich Hebbel

Brunnen in Bad Bergzabern. Weintrunkener Mensch als Affe mit dem Spiegel *(siehe S. 66)*

IWWERS WISSE UN DIE WOHRET

Ich wees,
dass ich
nix wees.

Sokrates

Desde mehr de weescht,
desde mehr hoscht zu lerne.

Friedrich Schlegel

Äner, der wo dabber is,
der lernt aus all dem,
was um ehn rum is.
Äner, der wo normaal is,
der lernt wenigschdens
aus soine eichene Erfahrunge.
Än Dabbschedl awwer,
der wees ohne sich umzugugge
alles besser.

Sokrates

Groin odder lach net
iwwer die Weld.
Lern se liewer
besser zu verstehe.

Baruch Spinoza

So richtich guud geht's äm
uff derre Weld blos,
wann ma die Gosch halt.

Friedrich Nietzsche

Äänzich des is wohr:
Dass ich do hogg un
an all dem um mich rum
zweifle konn.
Alles annere,
des konn ich mer oibilde.

René Descartes

Wann de annere Leit
fer ebbes entflamme willscht,
do muss des
in der selwer brenne.

Augustinus von Hippo

Du muscht wisse, dass de weescht,
was de weescht,
un dass de awwer aa weescht,
was de net weescht.

Nikolaus Kopernikus

Ehemalige Hochschule Casimirianum in Neustadt

Am meischde muscht noochdenke,
wann de Jo oder Nää
saache willscht.

Pythagoras von Samos

Doin Kopp konn der saache,
was de net mache sollscht.
Awwer doi Herz,
des muss der saache,
was de eichentlich mache sollscht.

Josef Joubert

Sich zu irre,
des is fer än Mensch normal.
Wann awwer äner
bei dem bleibt, was er määnt,
aa wann er falsch liecht,
dann is der schun beim Deiwel.

Augustinus

Lese un nix verstehe,
des is wie Erd umgraawe un nix säe.

Deutsches Sprichwort

Zeitungsleser am Juliusplatz in Neustadt

Schalt uff Durchzuuch,
wann äner iwwer dich dummbabbelt.
Merk der des awwer, wann äner
Guudes iwwer dich saacht.

Konfuzius

Blos mit doim Herz
konnscht guud gugge.
Was werklich wichdich is,
des konnscht net
mit doine Aache sehe.

Antoine de Saint-Exupéry

Du brauchscht gar net aazufange,
heere zu wolle, was Blumme babbeln.
Du muscht se ääfach blos
aagugge un an ne schnubbere.

Antoine de Saint-Exupéry

Mer deeden allminanner viel hiekrigge,
wann mer allzeit zammehalde deeden.

Friedrich Schiller

Pfälzer Dörfer vom Hambacher Schloss aus gesehen

IWWERS ZAMMELEEWE

Erscht wann de
mit äm
DU
zammekummscht,
dann werscht
zu äm
ICH.

Martin Buber

Eise werd mit Eise scharf gemacht.
Än Mensch kriecht soin Schliff
blos iwwer annere Leit.

Bibel – Sprüche 27,17

Wann iwwerall die Leit änonner
gern hawwe dääden,
dann breichten mer kää Gsetze.

Aristoteles

Es sinn mehr Leit
weche spitze Zunge
ums Leewe kumme,
als weche scharfe Schwerder.

Bibel – Sirach 28,18

Dass äner richdich zu der halt,
des mergscht erscht,
wann de verbunne bischt
mit soiner Seel.

Aristoteles

Am beschde kummscht
mit denne Leit aus,
mit denne so babble konnscht,
wie mit der selwer.

Marcus Tullius Cicero

Äner, der käner mehr
soin Freind hääße konn,
dem fehlt die Sunn
in soiner Weld.

Marcus Tullius Cicero

Än guude Freind muss
net uubedingt mit äm
in allem äänich soi.
Grad uff die Unnerschied
muscht gugge.

Jean Paul

Zuneichung, die muss
immer widder nei gebore werre.

Blaise Pascal

Es gebbt desdeweeche Denkmääler,
weil ma net gscheit nochgedenkt hot.

Else Pannek

Friedensdenkmal über Edenkoben

IWWER DE FRIEDE

Es gebt kään
richdiche Weech
zum Friede.
De Friede selbscht
is än Weech.
Un denn muscht
erscht mol gehe.

Mahatma Ghandi

Die sicherscht Mauer, des is de Friede.

Sprichwort aus dem Languedoc

Wehrkirche in Dörrenbach

Friede – der muss
in äm selwer
soi Worzle hawwe.

Jean Jaques Rousseu

Friede konnscht blos hawwe,
wann de selwer
was dodefor machscht.

Marie von Ebner-Eschenbach

Dass es Friede gebt,
hot net blos
mit de annere Leit zu duh.
Des hot erscht mol
was mit äm selwer zu duh.

Karl Jaspers

De Friede hoscht, wann de
mit annere Leit äänich bischt,
un net, wann's blos kään Kriech gebt.
Dodezu gheert, dass ma
denne annere vertraue duht un
dass ma gerecht minanner umgeht.

Baruch de Spinoza

Friede erhalde,
des is allweil besser
als wie Friede zu schließe.

Martin Luther

Erscht wann all die Leit
uff derre Weld frei sinn,
konn's werklich Friede gewwe.

Karl Jaspers

Wann ma Friede
uff derre Weld
hawwe will,
do muss ma
bei de Kinner aafange.

Mahatma Ghandi

Än Friede konn
noch so uugerecht soi.
Der is allemol besser
wie än gerechde Kriech.

Marcus Tullius Cicero

Blos die Doode wissen,
wie än werkliche Friede
aussehe duht.

Plato

Wann ma liewe duht,
do guggt ma sich net
blos gecheseidich aa.
Du guggscht mit dem annere
in die gleich Richdung.

Antoine de Saint-Exupéry

Bussierende Elwetritsche in Neustadt

IWWERS LIEWE

Wer liewe duht,
der guggt net blos,
dass er selwer
was dodevu hot.

Voltaire

Äner zu liewe,
des määnt aa,
mit dem annere mitzulääde.
Sunscht guggscht
blos uff dich selwer.

Arthur Schopenhauer

Äner, der wo net hoffe konn,
der konn aa net liewe.

Friedrich Schiller

Iwwerzwerch is äner,
der saacht:
„Alla hopp,
duh mich mol liewe."

Friedrich Nietzsche

Du konnscht Holz hagge,
Ziechel mache odder Eise schmiede.
All des konnscht mache,
ohne zu liewe.
Awwer guud mit Leit umgehe,
des geht blos mit Herzbluud.

Leo Tolstoi

Wann de än äänziche Mensch
uff derre Weld
richtich guud findscht
un liewe duhscht,
kummscht aa mit all
de annere Leit
allweil guud aus.

Johann Wolfgang von Goethe

Wann de was zum Schaffe hoscht,
dann kummt die Frääd wie vun selwer.

Konfuzius

Obstkernmühle bei Mehlingen

IWWERS MACHE

Behanneln
alle Leit so,
wie ehr selwer
behannelt
werre wollt.

Goldene Regel der Weltreligionen
Die Bibel – Matthäus 7,12

Des Wichtigschte
fer äm selwer muss soi,
was aa fer annere guud is.

Aristoteles

Die Philosophe henn
iwwer die Weld
unnerschiedlich gebabbelt;
es kummt druff aa,
dass ma was duht un
se annerscht machen.

Karl Marx

Wann ma mol nimmi do is,
do is des äänziche,
was vun äm iwwrich bleibt,
des, was ma aus vollem Herze
gemacht hot.

Albert Schweitzer

Dass ebbes guud werd,
des fangt mit lauder
klääne Sache aa.

Sokrates

Verlang viel vun der selwer
un wenicher von de annere.

Konfuzius

Wann de ebbes
guud vorleebscht,
dann is des die bescht Art,
annere Leit zu zeiche,
wie se selwer leewe kennen.

Albert Schweitzer

Heitzudaach kaafen Leit
mit ehrm Geld, des se net hawwen,
än Haufe Zeichs, des se net brauchen,
um des Leit zu zeiche,
die se net leide kennen.

Ernst Bloch

Einkaufsmeile Maximilianstraße und der Speyerer Dom

Blos desdeweeche
duht des gewinne,
was net guud is,
weil guude Leit nix unnernemmen.

Edmud Burke

In doiner Hand hoscht,
dass de denke, mache,
verlange un meide konnscht.
Awwer doin Kerper, doin Bsitz
un doi Aasehe liechen net
in doiner Hand.
Drumm brauchscht dich
dodrumm net zu sorche.

Epiktet

Willscht wisse, wer de bischt,
dann muscht was dodefor duh.

Albert Camus

Zeich mer ebbes, wo alles aafangt,
dann hewwl ich die ganz Weld
aus de Angle.

Archimedes

Die Pälzer Weltachs bei Waldleiningen

Es gebt nix uff derre Weld,
un ma konn aa iwwerhaupt
nix anneres fer guud hääße,
als dass äner de Wille hot,
ebbes Guudes zu duh.

Immanuel Kant

Bei all dem, was ehr duhn,
machens vun ganzem Herze.
Sunscht werd des nix.

Die Bibel – Kolosser 3,23

Wann de blos
doi Gosch ghalde hättscht,
dann hätt käner gemerkt,
dass de än Dabbschedl
un kään Philosoph bischt.

Boethius

Än wache Gedanke,
der duht aa annere uffwegge.

Marie von Ebner-Eschenbach

Hambacher Schloss, Wiege der Freiheit

IWWERS FREISOI

Des Schänschte
uff derre Weld,
des is,
wann de
die Gosch uffmache un
frei babble konnscht.

Diogenes

Frei zu soi, des määnt net,
dass ma all des mache konn,
was ma will.
Frei zu soi, des määnt,
dass ma net all des mache muss,
was ma soll.

Jean Jaques Rousseau

Käner uff derre Weld
is werklich
än freie Mensch.

Euripides

Gsetze sinn dodefor do,
dass mer frei soi kenne
un net, um uns zu binne.

Marcus Tullius Cicero

Frei zu soi,
des konnscht äm losse,
awwer des konnscht
kääm gewwe.

Friedrich Schiller

Frei bischt erscht,
wann de kää Sorche
un kää Angscht mehr hoscht.

Epiktet

Wann äner määnt,
er is frei,
hot er blos noch net gemerkt,
dass es Reechle gebt
uff derre Weld.

Christian Friedrich Hebbel

Blos äner, der sich beweeche duht,
der merkt, dass er Fessle aahat.

Rosa Luxenburg

Bauernkriegsdenkmal in Nußdorf bei Landau

Der wo wisse will,
was frei soi määnt,
der muss dodefor sorche,
dass die frei sinn,
die was anneres määnen,
als wie ma selwer.

Rosa Luxenburg

Frei zu soi is ebbes,
wo die Leit irchendwie
kää Frääd droo hawwen,
wann se's sinn.
Awwer wann äner
nimmi frei is,
kriegt er de Läade.

Jean Paul

Der wo nix hot, der hot allweil des Glick gfunne.

Diogenes

Skulptur eines Schweinebauern in Zweibrücken

IWWERS GLICK

Am meischde Glick
hoscht dann,
wann de ä bissl
meschugge bischt.

Erasmus von Rotterdam

Doin Kopp soll Owwerwasser hawwe
iwwers Glick un iwwers Uuglick.

Seneca

Wann de im Leewe
froh soi willscht,
dann brauchscht
guude Gedanke.

Mark Aurel

Erscht mol muscht
dodenooch gugge,
dass de selwer glicklich bischt.
Wann des de Fall is,
dann machscht aa
annere froh.

Ludwig Feuerbach

Des werkliche Glick
is blos do zu finne,
wo de was Guudes duhscht.

Sokrates

Wann de werklich
froh soi willscht,
do muscht dich
alsfort aabasse.

Konfuzius

Blos selle Leit sinn froh,
die wo net huddle duhn
un ganz bei sich selwer sinn.

Aristoteles

Wann de dich froogscht,
ob de werklich glicklich bischt,
dann heerscht schun uff,
des zu soi.

John Stuart Mill

Der wo werklich glicklich is,
der hot meischt aa Bleedsinn im Kopp.

Friedrich Nietzsche

Sinnenfrohe nackte Landauer Landavia

Wann äner uubedingt
hawwe will,
dass des Glick bei ehm bleibt:
Schwubbdiwubb,
do isses nimmi do.

Sören Kirkegaard

Des Glick is net do dehäm,
in dem, was de hoscht.
Dehääm isses allää
in doiner Seel.

Demokrit

Wann äm äner helft,
dann duht's Glick leichde
un's Uuglick werd leichder.

Marcus Tullius Cicero

Schun wann de ebbes
mit ebbem vergleiche willscht,
do heert's Glick uff
un's Uuglick fangt aa.

Sören Kirkegaard

Ä frohes Leewe hot der,
der wo ä Ziel vor de Aache hot.
Mään blos net, dass ma des
krigge konn, wann ma
uff annere Leit heert
odder än haufe Zeigs hot.

Albert Einstein

Erscht dann bischt glicklich,
wann der nix mehr weh duht
un wann der's nimmi langweilich is.

Arthur Schopenhauer

Des Glick is an kään Ort gebunne
un aa an kää Johreszäät.
Des Glick hot awwer der gefunne,
der sich an soim Leewe fräät.

Clemens Brentano

Glick, des is
des äänziche uff derre Weld,
was sich verdobbelt,
wann ma's dääle duht.

Albert Schweitzer

Glick is, wann des,
was de denkscht,
babbelscht un machscht,
irchendwie zammebasst.

Mahatma Gandhi

Die Wohret is
im Woi zu finne.

Alkäus

Römisches Weingut Ungstein

IWWERS GENIESSE

Esse un Drinke
halten
de Leib
un die Seel
zamme.

Sokrates

Mer leewen net,
um zu esse.
Mer esse,
um zu leewe.

Sokrates

Wie än Mensch is,
zeicht sich in dem,
was er esst.

Ludwig Feuerbach

Seit's die Kochkunscht gebbt,
esse die Leit doppelt so viel
wie se eichentlich brauche.

Benjamin Franklin

Duh doim Kerper
aa mol ebbes Guudes.
Blos dann werd doi Seel
gern dodrin wohne wolle.

Teresa von Avila

Wann de mergscht,
dass de gesse hoscht,
dann hoscht schun zu viel gesse.

Sebastian Kneipp

Wann de mit annere däälscht,
werscht selwer bschenkt.
Wann de de Dorscht
vun annere schtillscht,
dann bleibscht selwer
net dorschdich.

Die Bibel – Sprüche 11,25

Äner, der gegesse un gedrunke hot,
der is wie nei gebore.

Johann Wolfgang von Goethe

Pfälzer Wurstteller

Än gscheide Mensch,
der schlacht sich net de Ranze voll.
Der nemmt sich blos
was guud is un schmegge duht.

Epikur

Der wo sich soin Ranze vollschlacht,
kricht Bauchweh
un konn net schloofe.
Der wo beim Esse uffbasst,
der schlooft gsund
un dem geht's guud.

Die Bibel – Sirach 31,20

Der wo beim Esse net huddelt,
der duht länger leewe.

Talmud

Bei äm Kruch Woi werscht zahm wie ä Lamm,
bei zwää werscht luschdich wie än Aff,
bei drei brillscht wie än Lööw
un bei vier duscht grunze wie ä Sau.

Weisheit am Weinbrunnen in Bad Bergzaberen

Löwe, Weinbrunnen in Bad Bergzabern (Affe, S. 16)

Selbscht die beschde Veggedarier
duhn net gern ins Graas beiße.

Joachim Ringelnatz

Wie än Mensch werklich is,
des siegscht am beschde dodraa,
ob er mit Zaschder umgehe konn,
un ob er en Zorniggel odder
än Dorschdl is.

Talmud

Der wo drinke duht ohne Dorscht,
der wo esse duht ohne Hunger,
der werde sterwe umso junger.

Martin Luther

De Woi is ä Gschenk vun de Gedder.
Die henn uns de Woi vermacht,
weil se uns bedaure duhn.

Platon

Geilweilerhof Siebeldingen, Institut für Rebenzüchtung

De Woi macht
de Blääde bläåder
un de Dabbere dabberer.

Jean Paul

De Woi is wie Medizin.
Nemmscht awwer
zuviel dodevu,
dann isser wie Gift.

Abraham de Santa Clara

Des Wasser alläa macht stumm.
Des sieht ma bei de Fisch.
De Woi alläa macht dumm.
Des sieht ma an de Disch.
Drum will ich nix vun all dem soi
un schitt mer Wasser in moin Woi.

Johann Wolfgang von Goethe

Nix is bestännich.

Alles duht fließe.

Heraklit

Drehendes Wasserrad, alte Mühle in Katzweiler

IWWER VERÄNNERUNGE

Der wo glaabt,
ebbes zu soi,
der hot uffgheert,
ebbes zu werre.

Sokrates

Du konnscht net ä zwäddes Mol in denselwe Fluss steiche.

Heraklit

Schlossbrunnen Pirmasens mit Blick auf das Alte Rathaus

Veränner dich selwer so,
wie de des vun de annere
hawwe willscht.

Mahatma Ghandi

Der wo leewe duht,
der muss dodemit rechne,
dass sich ebbes ännert
uff derre Weld.

Johann Wolfgang von Goethe

Wann de uff ä Wunner hoffscht,
dann muscht dodefor beede.
Wann de awwer
was verännert hawwe willscht,
dann muscht was dodefor mache.

Thomas von Aquin

Uff derre Weld
duht der iwwerleewe,
der sich am eheschte
aabasse konn,
wann sich was verännert.

Charles Darwin

Die Weldgschicht
hot äns gezeicht:
Alles uff derre Weld
losst sich ännere.
Blos die Menschen net.
Des sinn Sturkepp.

Karl Marx

Besser isses,
ä klläänes Licht aazuzinne
als dodriwwer zu schelde,
dass alles duschber is.

Laotse

Die Leit, die wo sich
net ännere kennen,
des sinn Dabbschedl
odder se sinn
arch gscheid.

Konfuzius

Heer im Leewe net uff
immer widder nei aazufange.

Marcus Tullius Cicero

Dass de Dood kummt, des is gewiss.
Wann er awwer kummt, des is uugewiss.

Anselm von Canterbury

Grabplatte in Fußgönheim mit dem Memento mori (Gedenke des Todes)

IWWER DE DOOD

De Mensch
is erscht dann
werklich dood,
wann käner mer
an ehn denke duht.

Bertold Brecht

De Dood brauchscht net zu ferchde.
Wann awwer äner net aafangt zu leewe,
uff denn Kerl muscht arch uffbasse.

Marc Aurel

Keltischer Grabhügel bei Rodenbach

De Dood is des,
was uns Mensche uff derre Weld
am meischde noochdenke losst.

Arthur Schopenhauer

Wann de philosophiere duscht,
do lernscht aa,
wie de mit dem Sterwe
umgehe konnscht.

Sokrates

Uns all duht
de Dood aalache.
Des äänzische,
was de mache konnscht:
Lach ääfach zerick!

Marc Aurel

Än Mensch ist wie Gras un
blieht wie ä Blum uff em Feld.
Wann de Wind driwwer weht, is se fort
un ma weeß nimmi, wo se mol war.

Bibel – Psalm 103,15-16

*Burrweiler, Gedenktafel an den 30-jährigen Krieg,
bei dem nur zehn Prozent der Pfälzer Bevölkerung übrig blieben*

Die meischde Leit henn schun
kään Dunscht vum Leewe.
Wie sollen se dann erscht
de Dood kapiere?

Konfuzius

De Dood erwischt dich
iwwerall, wo de bischt,
selbst uff em hegschde Durm.

Koran

Denk blos net so arch
iwwer de Dood nooch.
Solange de lebscht,
isser net do.
Wann er awwer do ist,
bischt du nimmi do.

Epikur

Wann mich äner froocht,
konn ich kääm saache,
was des is,
die Zeit.

Augustinus von Hippo

Uhrenmuseum Rockenhausen

Iwwer die Zeit

Du hoscht
im Leewe net
zu wennich Zeit.
Du duscht blos
die Zeit net
richtich nutze.

Seneca

Zeit hoscht genuuch,
wann de se richtich nutze duhscht.

Johann Wolfgang von Goethe

Kirchturm in Diedesfeld, Sonnenuhr mit Motto

Die Zeit duht uns
Grenze setze un
iwwer uns bestimme.

Aristoteles

Die Zeit, die duht
alle Wunne heile.

Meander

Du hoscht uuendlich viel Zeit.
Jeder Daach is wie än Äämer,
in den de viel noigieße konnscht.

Johann Wolfgang von Goethe

Die Zeit geht heitzudaach
net schneller rum wie sellemols,
awwer mer laafen
schneller draa vorbei.

George Orwell

Die Zeit hot ehr Worzle
in de Ewichkeit.

Franz Rosenzweig

Südturm der Stiftskirche Neustadt an der Weinstraße

Wann de Zeit verlore hoscht,
konnscht se nimmi oifange.

Benjamin Franklin

Normale Leit iwwerlechen sich,
wie se Zeit verbringe duhn.
Der wo was im Kopp hot,
der guggt,
dass er die Zeit
aa nutze konn.

Arthur Schopenhauer

De ääne waard,
bis die Zeit sich wanneld,
de anner packt se aa
un hanneld.

Dante Alighieri

Äner, der zu äm Ziel will,
der muss sich fer än Weech entscheide.

Theodor Fontane

Speyerbach in Elmstein

IWWER DIE ZUKUNFT

An die Zukunft?
Do denk ich
net draa.
Die kummt
frie genuuch.

Albert Einstein

Zukunft is unnerschiedlich:
Fer Labbeduddl is se uuerreichbar,
fer Angschthaase is se uubekannt,
fer Muudiche is se wie ä offeni Deer.

Viktor Hugo

Offene Türen in Neustadt an der Weinstraße

Nix Neies gebt's
unner de Sunn.
Is irchendebbes
uff derre Weld
werklich nei?
All des, was es gebt,
is schunnemol
bassiert.

Bibel – Prediger 1,9

Zufridde bischt erscht dann,
wann de des,
was de bischt,
aa soi willscht.

Erasmus von Rotterdam

Än Weech duht entstehe,
wann mer ehn gehe.

Weisheit aus China

Kornfeld in der Nordpfalz

Gugg net in die Zukunft.
Mach se liewer selwer.

Antoine de Saint-Exupéry

De Aafang un's End
vun allem
bleibt äm verborche,
weil kään Mensch
des Nix sehe konn
un aa net
des Uuendliche.

Blaise Pascal

Bringt's irchendebbes,
iwwer de Sinn vun all dem,
was um uns rum is,
noochzudenke?
Im Leewe net!

Albert Einstein

Kleines Pfälzisches Wörterbuch

Aache: Augen

Alla hopp: Also gut, Auf geht's

allminanner: alle miteinander

babbeln: reden, sprechen

dabber: schlau, klug

Dabbschedl: Dummkopf

dääle: teilen

Deiwel: Teufel

desdeweeche: deshalb

dodefor: dafür

dodebei: dabei

dodenoch: danach

dodevu: davon

druff: drauf

dorschdich: durstig

Dorschdl: Säufer

dummbabbeln: schlecht reden

ebbes: etwas

Gosch: Mund

grooe: graue

hogge: sitzen

huddeln: beeilen

im Leewe net: nie

Läädе: ein Leiden haben

Labeduddl: willenloser Mensch

Leewe: Leben

malaad: krank

Ranze: Bauch

saache: sagen

sellemols: damals

Sturkepp: sture Leute

Wohret: Wahrheit

Woi: Wein

Worzle: Wurzeln

Zeichs: Zeug, Sachen

Zoores: Streit

Zorniggl: jähzorniger Mensch

Auf Basis von: Michael Landgraf. Pfälzisch (Pälzisch).
Einführung für Einheimische und Fremde. Neustadt 2014 (4. Aufl. 2016)

Der Autor

Michael Landgraf studierte Theologie, Philosophie und Geschichte, ist Dozent in der Lehrerfortbildung und Schriftsteller. Er schreibt Romane, Sachbücher und Mundartliteratur, u.a. das Grundlagenbuch „Pfälzisch (Pälzisch) – Einführung für Einheimische und Fremde“, die „Bibel uff Pälzisch“, die „Woihnachtsgschicht uff Pälzisch“ und ein Buch über „Elwetrische“. Landgraf ist Jury-Mitglied und Co-Moderator des Mundartwettbewerbs „Dannstadter Höhe“ und war selbst Preisträger bei Mundartwettbewerben. Als Professor für Palatinologie und Tritschologie hält er humoristische Vorträge und führt durch die Pfalz, um Einheimischen und Fremden seine Heimat und deren Sprache nahezubringen.

Im Wellhöfer Verlag erschienen sein Bestsellerroman „Der Protestant“, der in die Reformationszeit der Region einführt, sowie der Bildband „Bunte Pfalz“.

Michael Landgraf im Wellhöfer Verlag

Michael Landgraf / Gerhard Hofmann:
Bunte Pfalz, Mannheim 2016, 64 Seiten,
ISBN 978-3-95428-190-9, € 16,80

Michael Landgraf / Gerhard Hofmann:
Heimat-Kirche-Pfalz, Mannheim 2015,
ISBN 978-3-95428-168-8, € 4,95

Michael Landgraf: Der Protestant,
Mannheim 2016,
ISBN 978-3-95428-193-0, € 16,80

De Pälzer Glickskeks
mit äner Weisheit uff Pälzisch, € 1,50

www.wellhoefer-verlag.de